서울 자가에 대기업 다니는
김 부장 이야기
4

차례

50화 한 번이 아니야 5

51화 나를 위한 선물 23

52화 미친 거 아니야? 39

53화 잘 모르겠다 57

54화 똑같지만 다른 하루 73

55화 변하는 것과 변하지 않는 것 91

56화 좋지 않은 기억 109

57화 부부 사이에 125

58화 적막 141

59화 실수해도 괜찮아 159

60화 철부지 땅꼬마 175

61화 과거의 나 191

62화 쉬어가는 것도 괜찮지 207

63화 뭔가 낯이 익은데 225

64화 본인의 행복 241

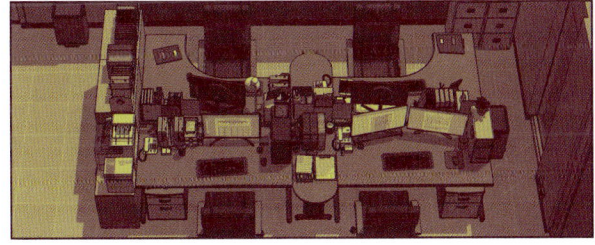

50화
한 번이 아니야

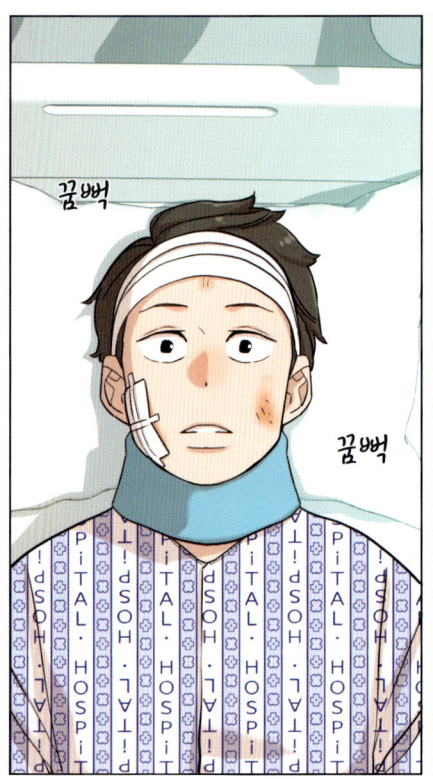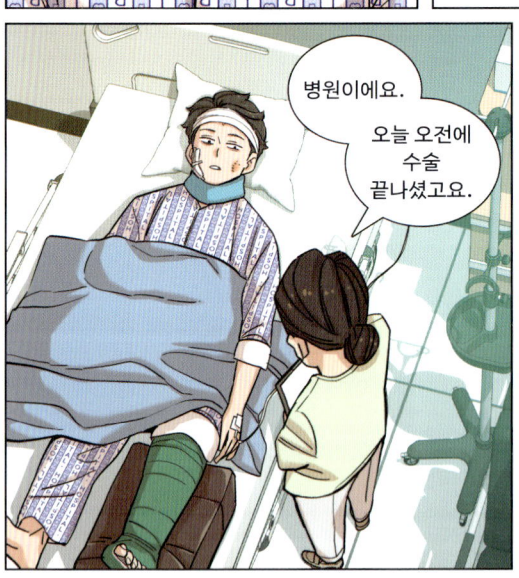

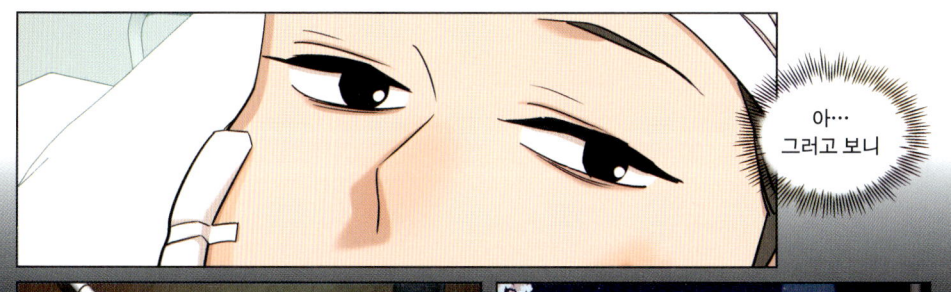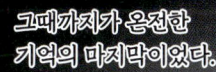

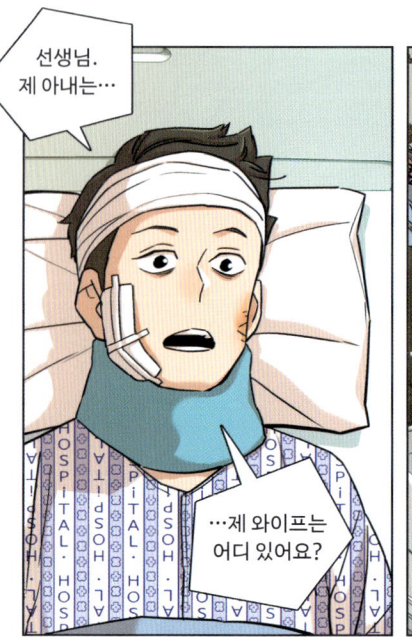
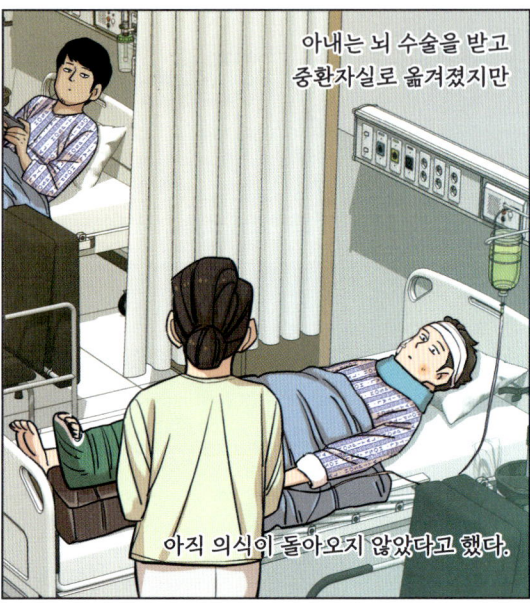

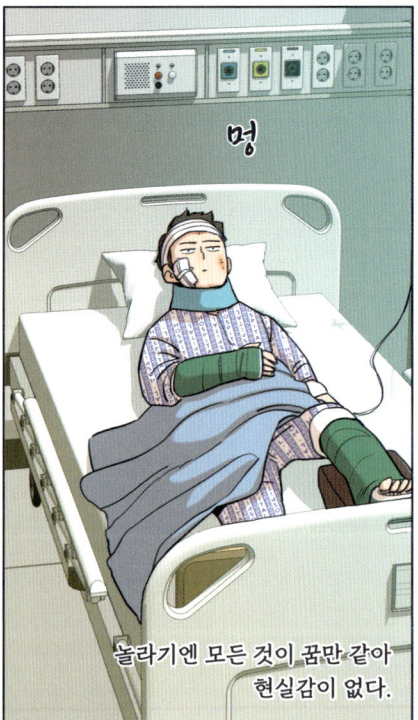

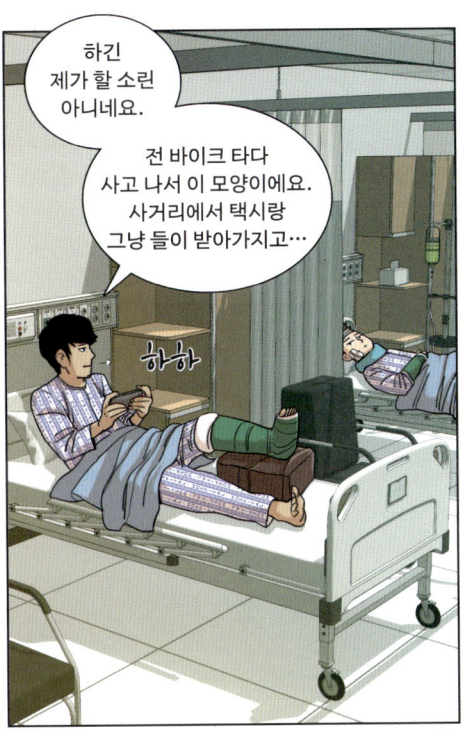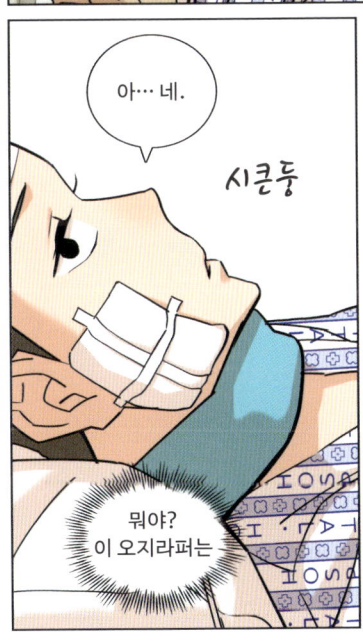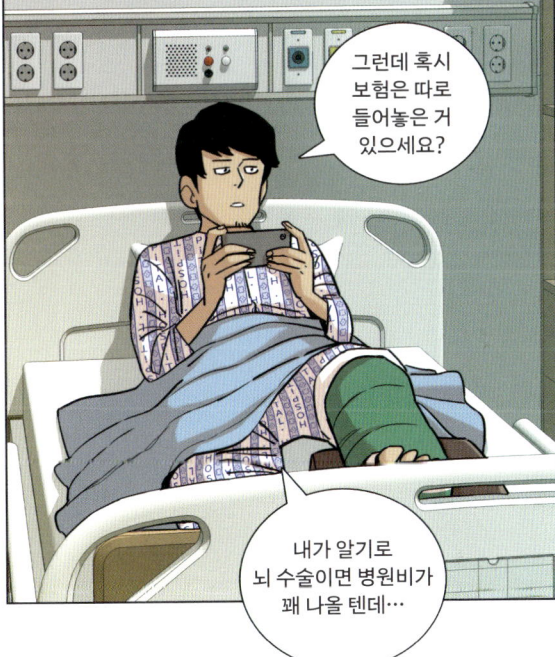

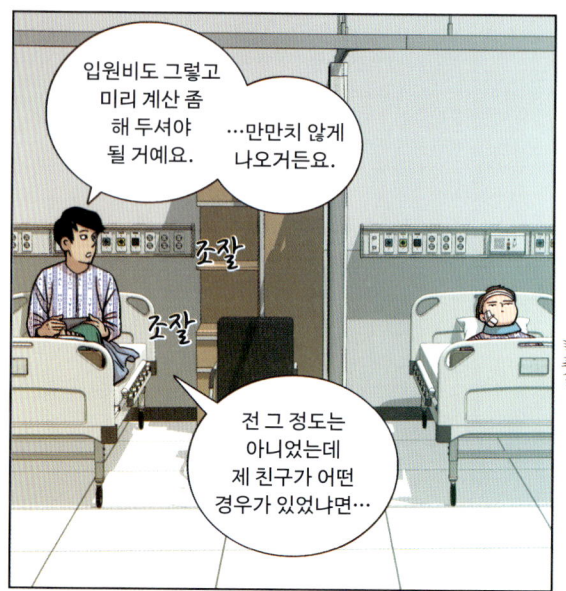

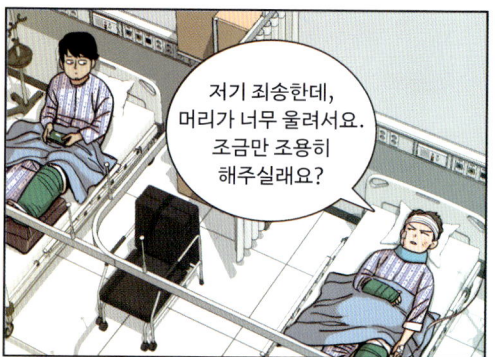
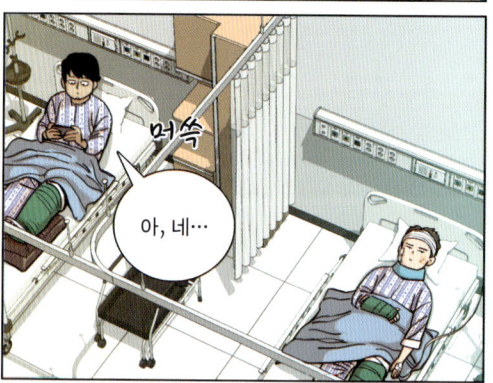

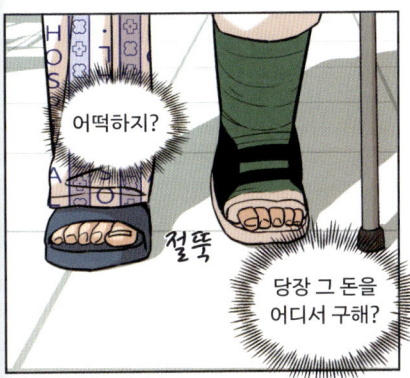

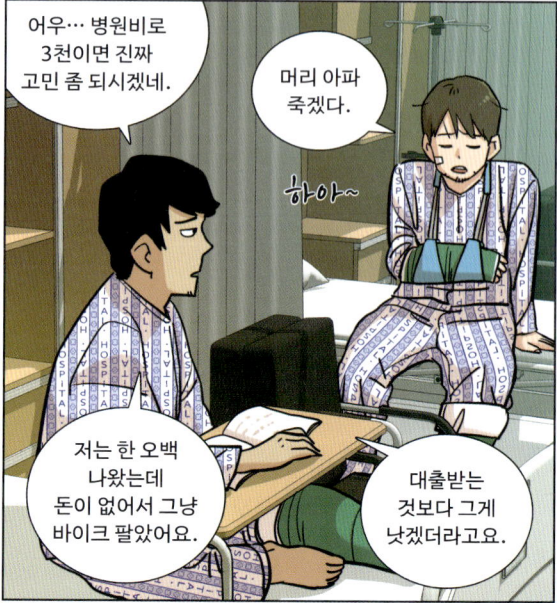

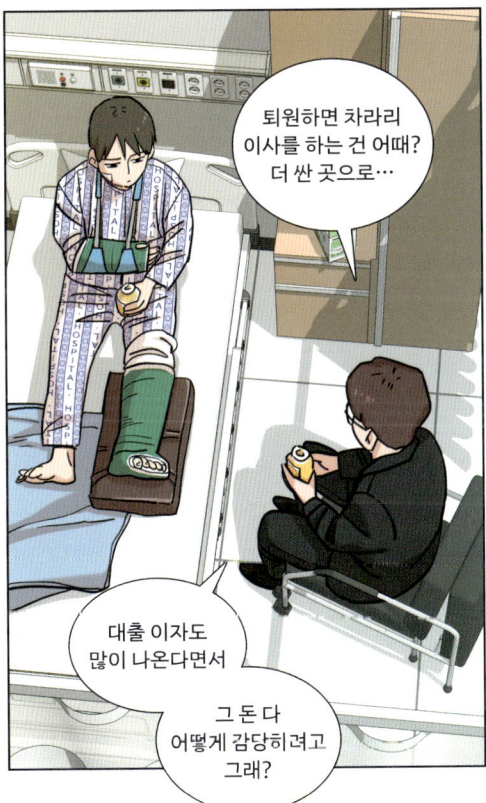

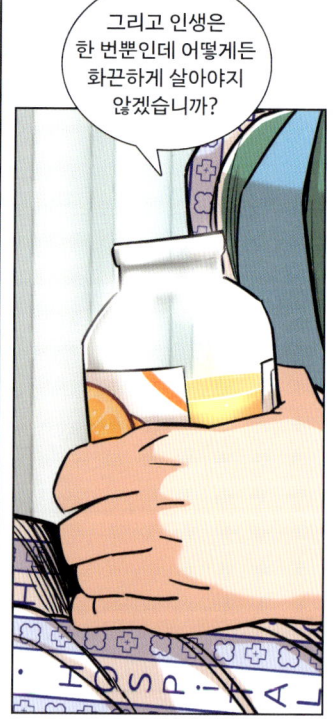

한 번뿐인 건
죽는 순간이지.
우리 인생은
매일매일이야.

51화
나를 위한 선물

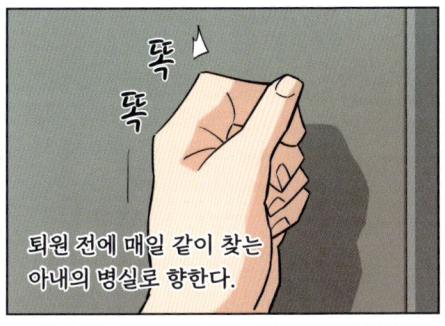

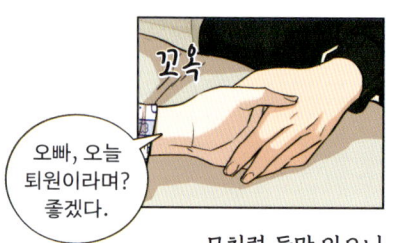

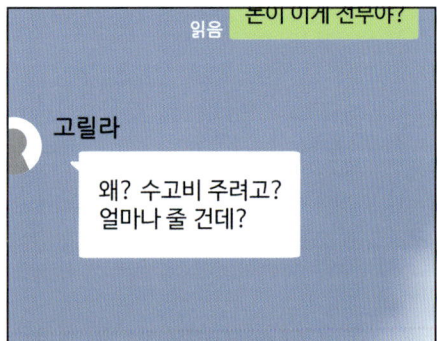

다음 날 바로 병원에 가서 잔금을 치렀다.

네, 전액 납부 처리 되셨어요.

현금으로 큰돈을 지불하고 나니 아깝다는 생각도 좀 들었지만

그래도 아직 3백만 원 정도 남네.

수중에 아직 돈이 남았다고 생각하니 금세 마음이 든든해진다.

이걸로 뭐 하지?

소독하실게요. 조금 따가우실 거예요.

아파요. 아아아, 살살요. 살살…

그러고 보니 지난주 병원비를 결제한 생각을 못 했다.

비밀 무기인 플레티넘 카드를 꺼내려다

더 이상 우습게 보이기 싫어 지갑에 담긴 현금을 내민다.

52화
미친 거 아니야?

…그제야 은행 잔고를 확인해 보지만 몇 번을 보아도 있어야 할 금액이 보이지 않는다.

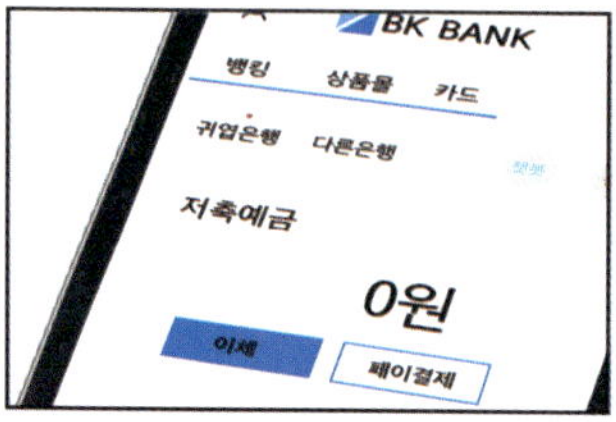

왜 잔고가 없지?

가슴이 들썩이고 불안한 기분이 든다.

나간 돈이 대출 이자 그리고 가전 할부금

핸드폰 통신비

아파트 관리비에 교통비

식비에 얼마 전에 결제한 병원비 할부금까지…

대충만 계산해도 500만 원이 훌쩍 넘으니 이번 달 월급이 들어와도 갚지 못할 액수다.

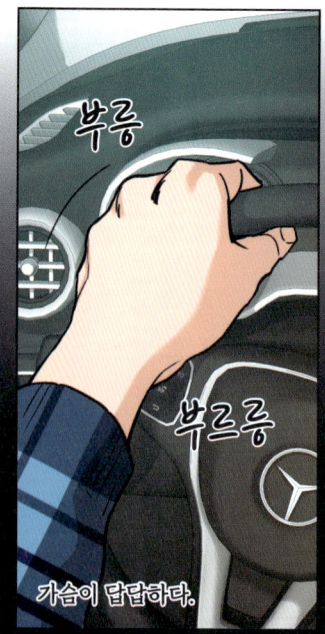

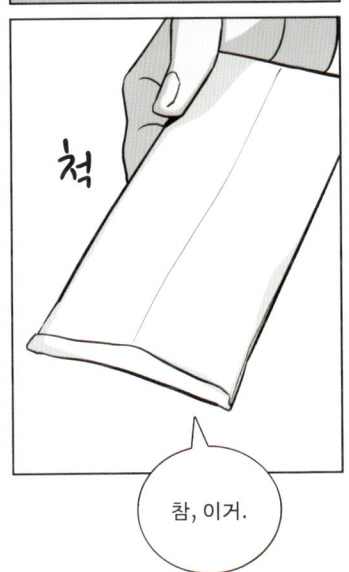

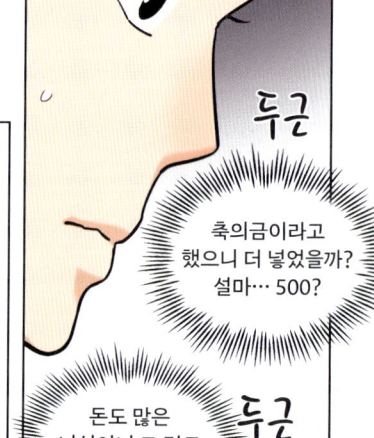

읽다만 편지는 접어두고
친구의 SNS에 들어가 본다.

고마운 마음도 잠시…

느닷없이 모르는 번호로
전화가 울린다.

친구의 부고였다.

53화
잘 모르겠다

친구는 자신의 아파트에서 스스로 목숨을 끊었다고 했다.

말도 안 돼.

말도 안 돼.

말도 안 돼.

만나서 웃고 떠든 것이 고작 두 달도 채 지나지 않은 시점이었다.

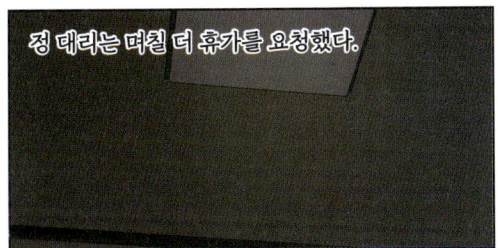

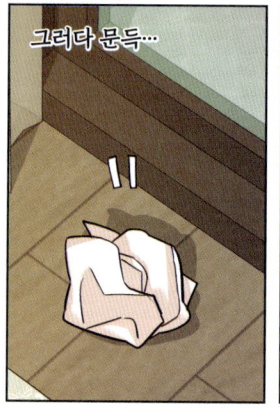

그러다 문득…

그냥 가만히,
멍하게 집에서 하루하루를 지냈다.

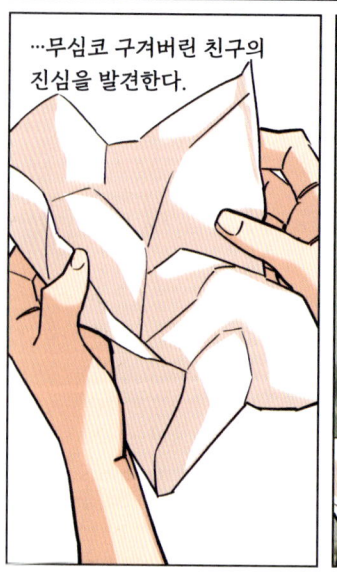

…무심코 구겨버린 친구의
진심을 발견한다.

들키고 싶지 않았던 자신의 시기와 교만을
그제야 뒤늦게 열어본다.

안녕, 나 베리다.

솔직히 이 편지를 너에게 전하게 될까 싶기도 하지만

나이 먹고 이런 편지를 쓴다는 게 나도 참 오글거리긴 하다만…

만약 네가 이 글을 읽게 된다면

남기고 싶은 이야기를 짤막한 글로라도 남길 수 있다는 것에 의미를 두고

몇 글자 적어본다.

널 다시 만났다는 뜻일 테니까 조금은 마음의 위안이 든다.

이 편지를 전하기까지

나 나름의 많은 고민과 용기를 냈다는 것만 알아줬으면 좋겠다.

더 이상 존재하지 않는
친구의 담담한 목소리가 떠올라

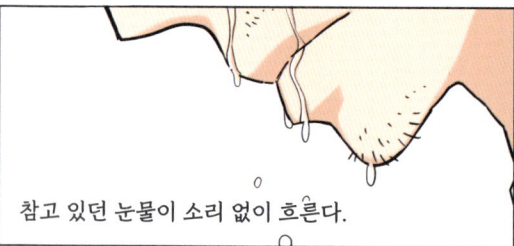

참고 있던 눈물이 소리 없이 흐른다.

해가 지고 다시 아침이 올 때까지

그렇게나 오랜 시간
그치질 않았다.

54화
똑같지만 다른 하루

잔뜩 사놓고 먹지 않던 카레를 데운다.

직접 한 요리라고 하기엔 멋쩍지만

군대에 있을 때를 제외하곤 이렇게 직접 수세미를 잡아 보는 게 처음인 것 같다.

배달이 아닌 음식을 먹는 건 얼마 만인지 모른다.

밥을 먹고 난 뒤 쌓여 있던 설거지를 해본다.

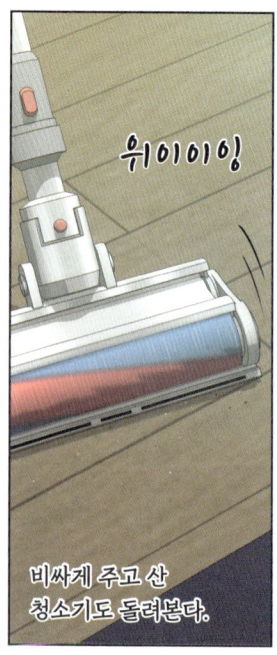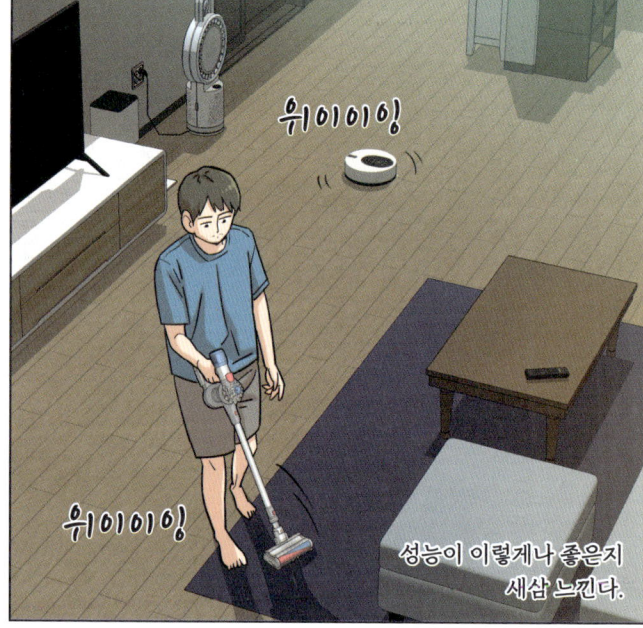

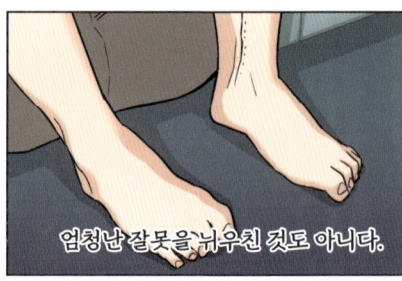

여전히 그 속에선 자신들의 삶을 자랑하기 바쁘다.

이제 존재하지 않는 그의 친구도 그 안에선 여전히 마지막 식사 중이다.

그렇게 멈춘 것 같은 시간 속에서 습관처럼 타인들의 삶을 훔쳐본다.

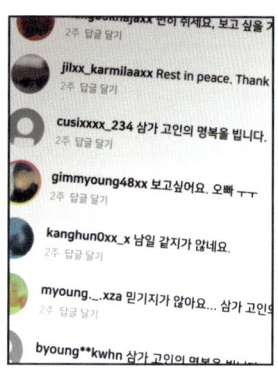

친구의 시간은 여전히 그곳에 머물러 있지만

명복을 비는 댓글들을 보니 여전히 비현실적이다.

구겨진 편지를 진즉에 읽고 친구의 진심을 미리 알았더라면

그 언젠가 동창회에서 친구가 던진 물음에 그럴싸한 답을 내어줬다면 뭐가 달라졌을까?

쓰고 지웠던 자신의 마음을 용기 내어 전했더라면… 친구가 선택을 달리했을까?

12

베리야, 너무 고맙다 ㅠㅠ 실은 너랑 헤어지 작은 사고가 있었어. 오래 병원에 있게 돼서 봤네. 너도 신경 쓸 일 많을 텐데 생각해줘ㅅ 조만간 집으로 초대할게. 그때 보자.

…힘겹게 밀쳐낸 죄책감이 다시 몰려온다.

어딘가 변해 있을 줄 알았던 회사는 그대로다.

문득 친구와의 만남이 떠오른다.

뒤늦게 친구의 행동 하나,
말투 하나의 의미를 되새겨본다.

똑같지만 다른 하루가 지나간다.

그날의 물음을 가슴에 묻은 채

55화
변하는 것과 변하지 않는 것

권 사원은 옮긴 자리에서 그간 정리한 자신의 마음을 이야기했다.

생각했던 결혼관에 대해…
원하는 미래에 대해…

서로의 관계에 대한
진지한 의사를
차분하게 전했다.

하아아

결국 네 입장은 똑같다는 소리네?

듣고만 있던 남자친구에게서 탄식이 섞인 깊은 한숨이 돌아왔다.

역시나… 변한 것은 없었다.

두 사람의 대화는
여전히 해결점이 보이지 않는다.

싸우려고 한 게 아닌데
진짜 싸움이 되어버렸다.

시간의 거리는 서로에게
얼마나 맞지 않는 사람인지
확신만 안겨줄 뿐이었다.

하아~

그만하자.
오늘 싸우려고
만난 거 아니잖아.

차라리 다른
사람이 생겼으면
솔직하게 얘기해.

이러는 거
너무 구차하지
않냐?

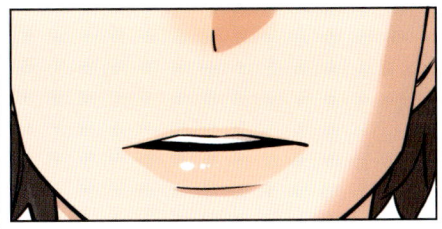

그 오랜 시간
뭐가 그렇게 좋았을까?
무엇 때문에
결혼까지 생각했을까?

그냥 결혼할 나이가 돼서?
그 정도 사귀었으니
당연히 결혼을 해야 한다고
생각했을까?

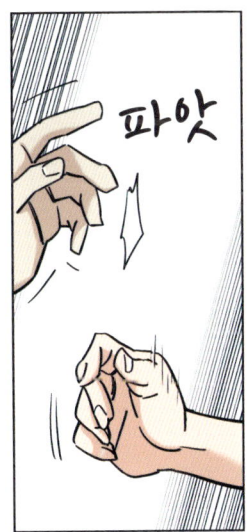

56화
좋지 않은 기억

그러고 보면 그때나 지금이나 참 많이 다른 두 사람이다.

또 게임이야?

여기만 있지 말고 우리 나가자~

여기까지 와서 핸드폰만 하고 있고…

치이~

다했어, 다했어. …조금만~

배는 안 고파? 바닷가 왔으니까 회나 먹을까?

…회?

무슨 회야? 나 생선 안 먹는 거 알잖아.

오는 길에 시장 있던데, 거기서 닭강정이나 사다 먹든지. 아니면…

…시장님! 여기 탕수육 작은 거 하나랑 게살 볶음밥

그리고 짬뽕 하나 주세요.

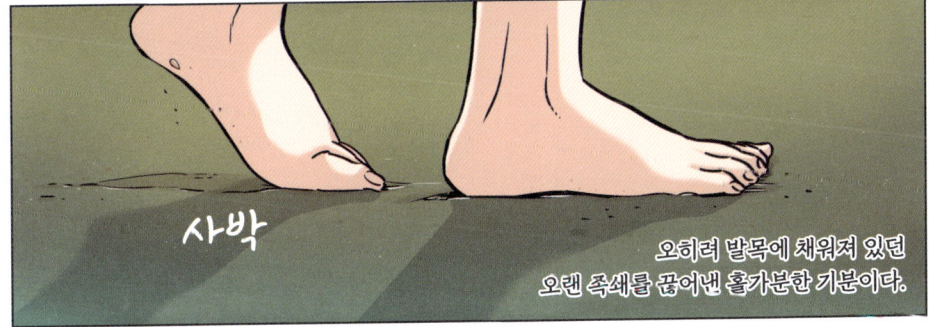

나쁜 자식…

맨발로 물에 젖은 모래를 밟는 게 그렇게나 어려운 일인가?

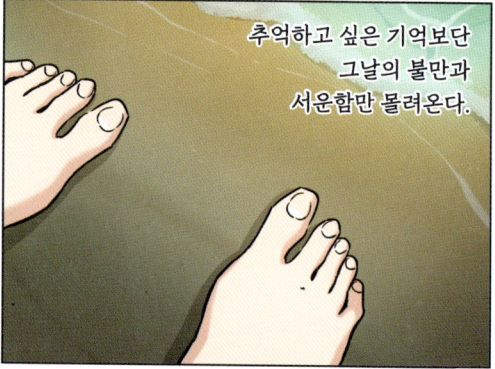

추억하고 싶은 기억보단 그날의 불만과 서운함만 몰려온다.

쌓는 것은 오래 걸리지만

쏴아아

무너지는 것은 이렇게나 쉬운 법.

푸스스

마음의 성도 마찬가지니 사람의 관계라면 오죽할까?

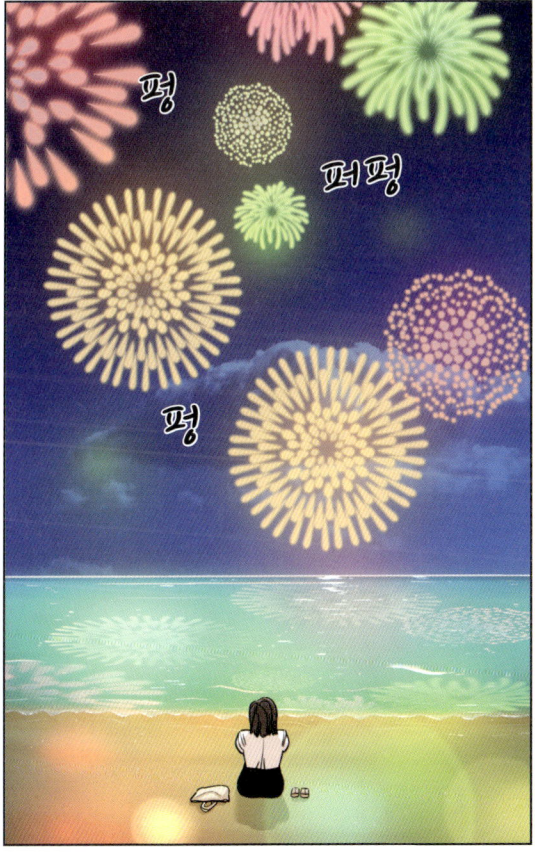

누군가에겐 꼭 듣고 싶은 말이었지만
멋쩍게 웃어넘겼다.

어딘가 모르게 과묵해진 정 대리의 모습이

오히려 낯설어 보인
까닭이었다.

57화
부부 사이에

58화
적막

참다못해 터진 말에 덩달아 감정도 걷잡을 수 없게 커진다.

서로를 찌르고 할퀴길
수차례…

어쩌다 보니
큰 싸움이 돼버렸다.

아내가 떠난 공간엔
적막만 흐른다.

서로에게 쌓인 감정의 골이 그렇게나
깊었었나?

하아아아

뒤척

생각해 보면
꼭 그렇지만은 또 않은 것 같다.

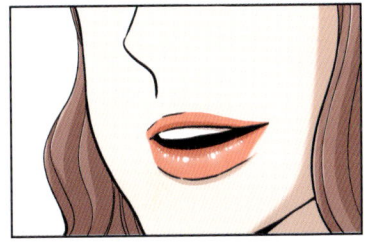

59화
실수해도 괜찮아

권 사원은 이제야
꿈을 향한 날갯짓을 시작한다.

수많은 시선 앞에 홀로 서니
머리는 하얘지고 귓가에는
심장 소리만 들려온다.

그 언젠가 꿈속에서 보았던 그곳에서

그럼, 발표를 시작하도록 하겠습니다.

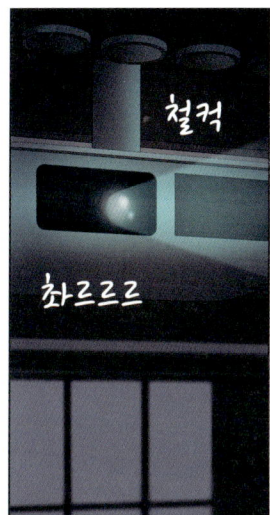

정적만이 가득한 공간.

스피커를 통해 내뱉는 본인의 목소리가 패나 낯설다.

몇 번이고 머릿속으로 그려봤던 순간이지만

표정은 경직되고 마이크를 쥔 손은 미세하게 떨려온다.

막상 현실에선 어떤 표정과 목소리로 말하고 있는지 감이 오질 않는다.

마음 편히 동료들과 기울이는 술 한 잔에

온종일 느낀 긴장감과 무력감은 소소한 행복으로 대체된다.

60화
철부지 땅꼬마

모처럼 걸려온 전화가 달갑지 않다.

누가 남매 아니랄까 봐 말투는 꼭 본인을 닮았다.

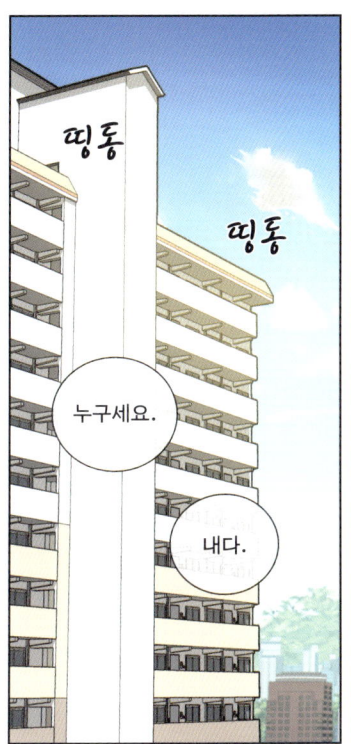

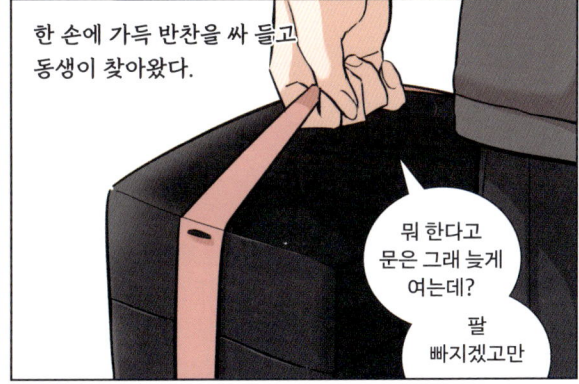

61화
과거의 나

퇴근 후 딱히 할 일이 없다.

텅 빈 거실을 못 본 채 지나는 것도 이제는 익숙하다.

돌아온 집은 여전히 어둡고 적막하며

정 대리는 그 익숙함을 이제는 조금 버리고 싶다.

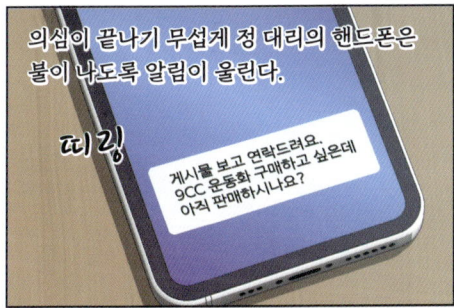

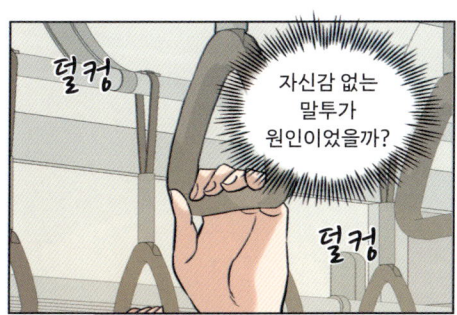

초, 중, 고를 나와 대학교 4년의 결실로 만든 취업의 열매가 인생의 목적지라고 생각하며 살았다.

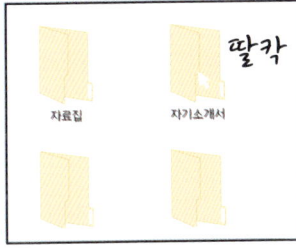

직장인이 되기 위해 얼마나 많은 공부를 하고 시험을 봤던가…

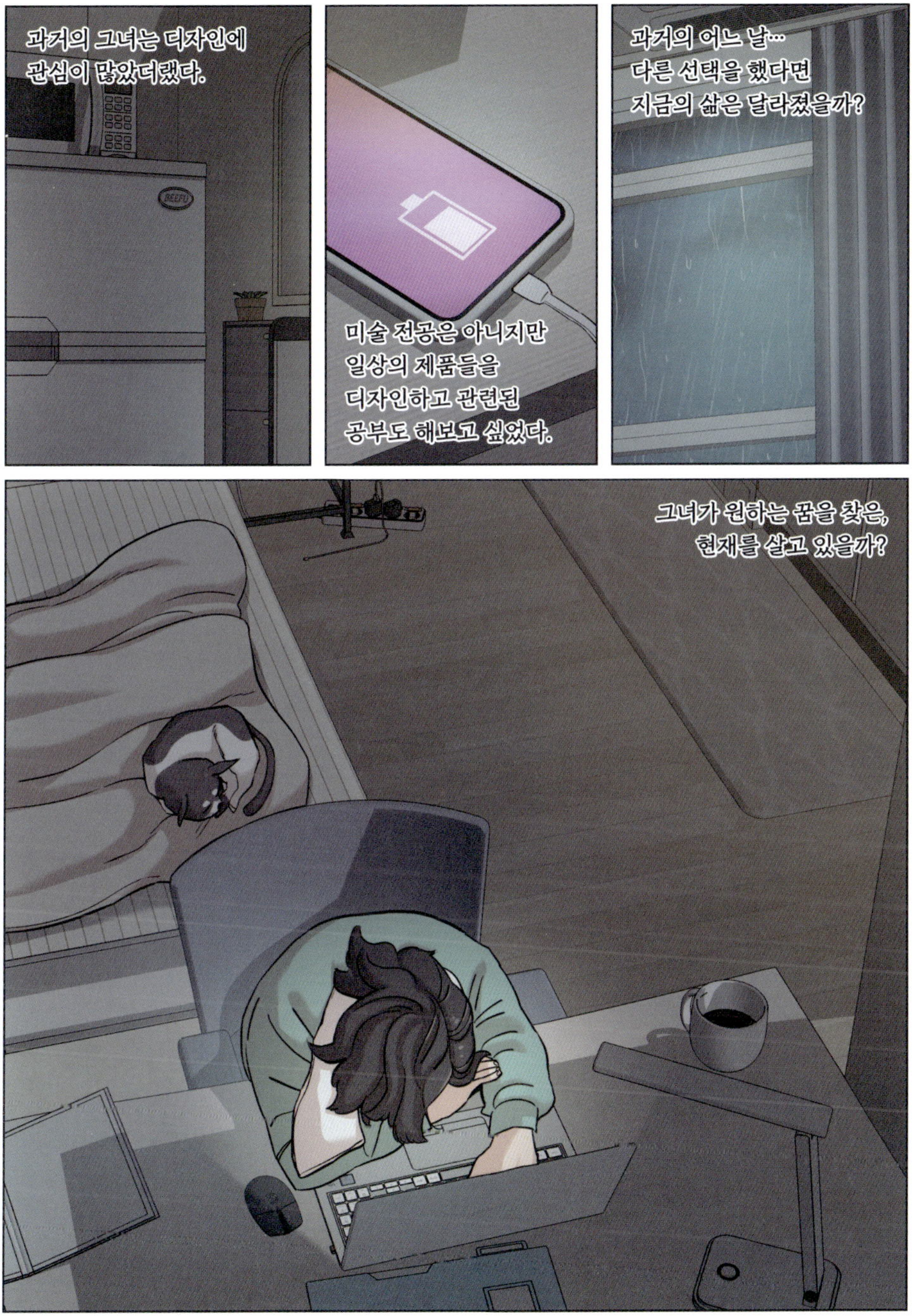

과거의 그녀는 디자인에
관심이 많았더랬다.

미술 전공은 아니지만
일상의 제품들을
디자인하고 관련된
공부도 해보고 싶었다.

과거의 어느 날...
다른 선택을 했다면
지금의 삶은 달라졌을까?

그녀가 원하는 꿈을 찾은,
현재를 살고 있을까?

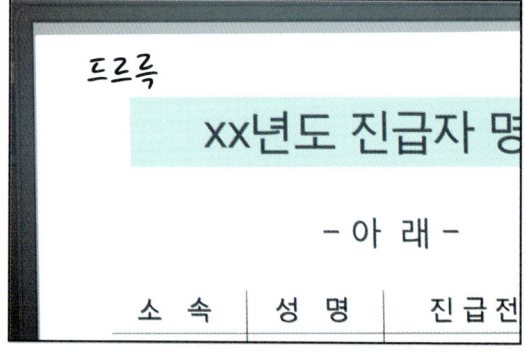

그해 진급자 명단에서 그녀는 자신의 이름을 찾을 수 없었다.

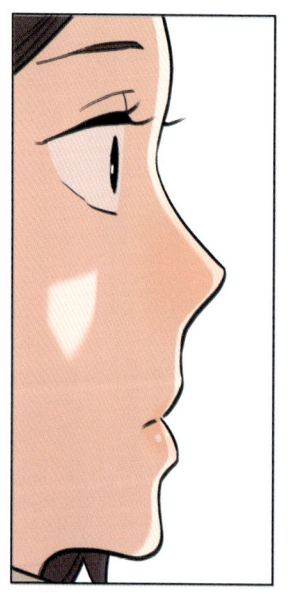

아무리 눈을 씻고 찾아봐도
...찾을 수가 없었다.

62화
쉬어가는 것도 괜찮지

무언가에 홀린 것처럼
써 내려갔던 자기소개서.

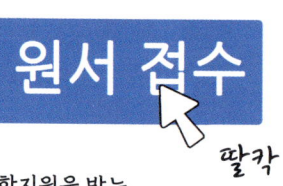

마침 입학지원을 받는
대학원 정보를 보게 됐고…

…무슨 생각이었는지
지원서를 첨부하여 제출한 것이
덜컥 합격이 됐다.

이거
축하받을
일인가?

그날은 하필이면
진급자 명단에서
이름이 제외된
날이었다.

잘된 일이라고
해야 하는 거야?

정해진 역에서 타고 내리고

정해진 종점에서 운행을 중지하는, 그런 것일지도 모른다.

당연히 그래야만 한다고 정해져 있는 목적지를 향해 전력 질주해 온 현재의 모습에 회의감이 든다.

조금 느리게 갈 뿐이다.

…가끔은 정해진 역에서 내리지 않아도 되지 않을까?

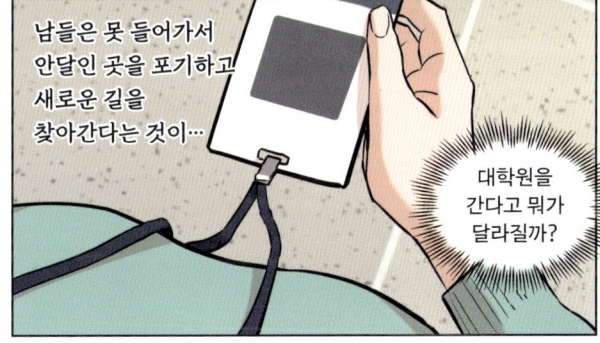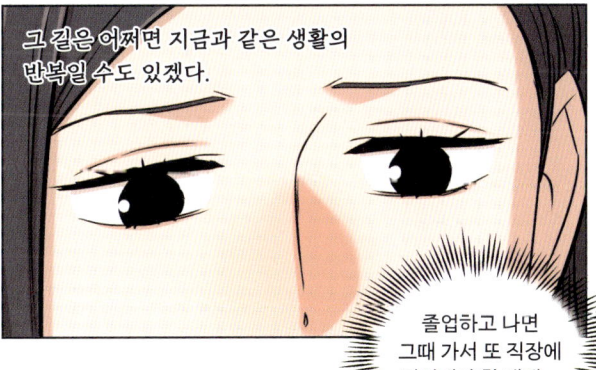

권 사원은 회사를 떠났다.

63화
뭔가 낯이 익은데

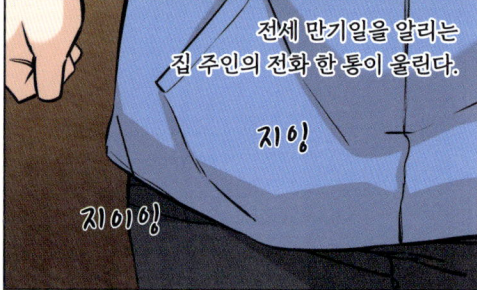

그렇게나 싫어했던 직장 상사와 이렇게 웃으며 대화하고 있는 스스로도 마찬가지다.

남의 사생활에 관심이 워낙 많았던 사람인지라

묻고, 캐고, 조언이랍시고 일장연설을 늘어놓으면 어쩌나 했는데…

결혼 후 어찌 사는지, 이사는 왜 가는지, 전세를 왜 월세로 옮기는지…

자, 다 됐어요.

그럼 이만 가보겠습니다.

조심히 들어가세요.

그래, 안부 전해주고~

…끝까지 김 부장은 그 무엇도 묻지 않았다.

64화
본인의 행복

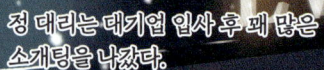

가지도 않던 비싸고 좋다는 곳만
찾아다녔더랬다.

내가 실수는 무슨~

분위기 엄청 좋았다니까?

그래서 어떻게 되긴 뭐가 어떻게 돼.

바쁘다면서 먼저 갔다~ 참나 어이가 없어서…

몰라~ 나랑 수준이 안 맞다고 생각하나 보지.

됐어. 내가 앞으로 소개팅 하나 봐라.

술 좋아하세요? 근처에 제가 잘 아는 와인바가 있는데 같이 가실래요?

아니요.

그런 투자와 노력에도 늘 고배를 마셨으니…

왜요~ 시간도 많은데 교외로 드라이브나 하면서…

제가 깜빡한 약속이 있어서요.

그럼 연락드릴게요.

연락 준다더니 문자도 안 읽네?

대체 뭐가 문제야?

뭐라노! 가시나가 콱 C 시끄럽다 고마 나가라!!

여자는 그래 막 돈 쓰고 잘난 척하고 그런 사람 싫어한다.

콰앙

니 SNS 보니까 장난 아니드라.

원래 그 정도는 쓰는 기다.

명품 좀 고만 사라.

니가 무슨 재벌집 막내아들인 줄 아나!

정 대리는 그럴수록 더욱더 겉모습에 집착했고

SNS와 팔로워 수에 연연했다.

참 나~ 도도한 척 있는 척은 다 하더만…

투덜 투덜

앞에선 맛있다고 다 먹어놓고 뒤에서는 돈 쓰는 게 뭐 어쩌고 저째? 어이가 없네.

저 원래 먼저 이런 연락 진짜 안 하는데…

DM? 누구지?

1

만나고 싶다고?

…완전 제 이상형이세요.

결국 그 안에서 현재의 아내를 만났고

그것이 운명이라고 생각했다.

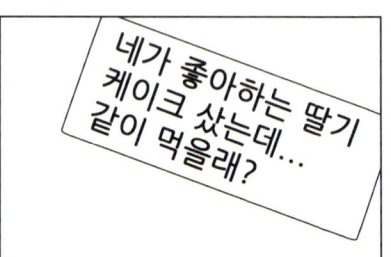
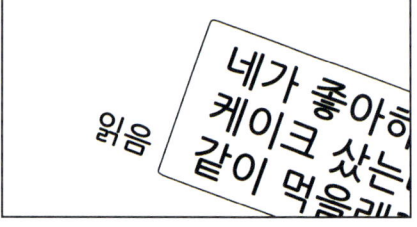

5권에서 계속됩니다.

서울 자가에 대기업 다니는
김 부장 이야기

서울 자가에 대기업 다니는
김부장 이야기

서울 자가에 대기업 다니는
김부장 이야기

서울 자가에 대기업 다니는
김 부장 이야기 4

초판 1쇄 발행 2025년 10월 29일
초판 3쇄 발행 2025년 12월 8일

글 명랑 그림 김병관 원작 송희구
펴낸이 김선식

부사장 김은영
콘텐츠사업본부장 임보윤
책임기획 여소연 책임편집 여소연 디자인 서옥 책임마케터 이현주
콘텐츠사업1팀장 한다혜 콘텐츠사업1팀 윤유정, 문주연, 조은서, 여소연
마케팅사업1팀 이고은, 지석배, 최민경, 이현주, 김은지
브랜드사업본부 정명찬 브랜드홍보팀 오수미, 서가을, 박장미, 박주현
홍보1팀 김민정, 변승주, 홍수경
영상홍보팀 이수인, 염아라, 이지연, 노경운
편집관리팀 조세현, 김호주, 백설희 저작권팀 성민경, 이슬, 윤제희
재무관리팀 하미선, 임혜정, 이슬기, 김주영, 오지수
인사총무팀 강미숙, 이정환, 김혜진, 황종원
제작관리팀 이소현, 김소영, 김진경, 이지우, 황인우
물류관리팀 김형기, 김선진, 주정훈, 양문현, 채원석, 박재연, 이준희, 문명식

펴낸곳 다산북스 출판등록 2005년 12월 23일 제313-2005-00277호
주소 경기도 파주시 회동길 490 다산북스 파주사옥
전화 02-704-1724 팩스 02-703-2219 이메일 dasanbooks@dasanbooks.com
홈페이지 www.dasan.group 블로그 blog.naver.com/dasan_books
용지 스마일몬스터 인쇄 (주)상지사피앤비 코팅·후가공 제이오엘엔피 제본 (주)상지사피앤비

ISBN 979-11-306-6884-0 (04190)

• 책값은 뒤표지에 있습니다.
• 파본은 구입하신 서점에서 교환해드립니다.
• 이 책은 저작권법에 의하여 보호를 받는 저작물이므로 무단 전재와 복제를 금합니다.

> 다산북스(DASANBOOKS)는 책에 관한 독자 여러분의 아이디어와 원고를 기쁜 마음으로 기다리고 있습니다.
> 출간을 원하는 분은 다산북스 홈페이지 '원고 투고' 항목에 출간 기획서와 원고 샘플 등을 보내주세요.
> 머뭇거리지 말고 문을 두드리세요.